ANTIPASTI

ITALIENISCHE VORSPEISEN

zum Teilen

JAN THORBECKE VERLAG

INHALT

vegetarisch

vegan

DIE KLASSIKER

GEGRILLTES GEMÜSE

ANTIPASTI

ZUTATEN FÜR 4 PORTIONEN

1 Paprika, rot • 1 Paprika, gelb • 1 Paprika, grün • 2 Zucchini,
jung • 1–2 Auberginen • 6 Stängel Thymian • 12 EL Olivenöl,
und zum Beträufeln • Salz • Pfeffer, aus der Mühle •
3 Knoblauchzehen • 3 TL Balsamico

1. Die Paprika, Zucchini und Auberginen waschen und
   putzen. Paprika längs in breite Streifen schneiden.
   Zucchini schräg in 1 cm dicke Scheiben schneiden.
   Auberginen in ca. 1/2 cm dicke Scheiben teilen. Thymian
   abbrausen und trocken schütteln.
2. Paprikastreifen mit 2 EL Öl, Salz und Pfeffer in einer
   Schüssel vermischen. Zwei weitere Schüsseln bereitstel-
   len. Eine Grillpfanne (oder einen Grill) erhitzen und die
   Paprikastreifen darin portionsweise grillen, bis sie ein
   deutliches Streifenmuster aufweisen. Dann in die erste
   Schüssel geben und abgedeckt warm halten. Zucchini-
   und Auberginenscheiben jeweils ebenso mit Öl, Salz und
   Pfeffer vermengen, grillen, bis sie gar sind, dann in den
   Schüsseln abgedeckt warm halten.
3. Knoblauch abziehen und 1 Zehe in jede Schüssel pressen.
   Je 2 EL Öl, Thymianblätter und Balsamico zufügen und
   untermischen. Das gegrillte Gemüse mindestens 1 Stunde
   (besser 2 Tage) durchziehen lassen, dann auf einer Platte
   anrichten und servieren.

FLADENBROT MIT KRÄUTERN

AUS DER LOMBARDEI

ZUTATEN FÜR EIN BACKBLECH 20 CM X 30 CM
15 g Hefe • 300 g Mehl; und zum Arbeiten • ½ TL Salz •
8 EL Olivenöl • 2 Zweige Rosmarin • 4 Zweige Thymian •
½ Handvoll Petersilie, glatt • 1 Stängel Salbei • 2–3 Peperoncini
(getrocknet) • 1 Schalotte • 1 Knoblauchzehe • 40 g Parmesan;
in feinen Streifen (30+10) • Meersalz; grob

1. Die Hefe mit ca. 175 ml lauwarmem Wasser verrühren. In einer Schüssel Mehl mit Salz vermischen. Hefewasser sowie 2 EL Olivenöl zum Mehl geben und alles mit dem Knethaken der Küchenmaschine zu einem geschmeidigen Teig verkneten. Bei Bedarf noch etwas Mehl oder Wasser einarbeiten. Den Teig abgedeckt ca. 1 Stunde gehen lassen.

2. Backblech mit Backpapier belegen. Hefeteig auf einer bemehlten Arbeitsfläche nochmals leicht durchkneten, dann ca. 1,5 cm dick in Blechgröße ausrollen und auf das Blech legen. Abgedeckt nochmals 30 Minuten gehen lassen.

3. Den Backofen auf 220 °C Ober- und Unterhitze vorheizen.

4. Die Kräuter waschen, trocken schütteln und nicht zu fein hacken. Peperoncini fein zerbröseln. Schalotte und Knoblauch abziehen und fein würfeln. Alles mit dem übrigen Olivenöl und 30 g Parmesan vermengen. Teig mit der Kräuter-Öl-Mischung bestreichen, mit Meersalz bestreuen und im Ofen in ca. 20 Minuten goldbraun backen. Herausnehmen, mit dem übrigen Parmesan bestreuen und noch warm servieren.

CREMIGER RICOTTA

MIT OLIVEN UND FRISCHEN KRÄUTERN

ZUTATEN FÜR 4 PORTIONEN

300 g Ricotta • 1 EL Zitronensaft • 2 EL Olivenöl; und zum
Beträufeln • 1 Knoblauchzehe • Salz • Pfeffer, weiß; aus der
Mühle • 50 g Oliven, grün; nach Belieben entsteint • 50 g
Oliven, schwarz; nach Belieben entsteint • 1–2 Stängel Thymian •
1 Zitrone, Bio; in Spalten • ½ Baguette; in Scheiben

1. Ricotta mit Zitronensaft und Öl in eine Schüssel geben.
   Knoblauch abziehen, durch die Presse drücken und
   dazugeben. Alles mit Salz und Pfeffer würzen und cremig
   rühren.
2. Den cremigen Ricotta abschmecken, in eine Schale oder
   einen tiefen Teller füllen und die Oliven darauf verteilen.
   Den Thymian abbrausen, trocken schütteln, Blättchen
   sowie Spitzen abzupfen und aufstreuen. Die Käsecreme
   mit Olivenöl beträufeln und mit Zitronenspalten und
   Baguettescheiben servieren.

MELONENSPIESSCHEN

MIT MOZZARELLA UND SCHINKEN

ZUTATEN FÜR 4 PORTIONEN

½ Melone; z. B. Cantaloupe • 100 g Mini-Mozzarella •
120 g Prosciutto; z. B. Parmaschinken

1. Die Melone halbieren, entkernen und mit einem Kugel-
   ausstecher 2,5–3 cm große Bällchen aus dem Fruchtfleisch
   ausstechen. Mozzarellabällchen abtropfen lassen. Die
   Schinkenscheiben quer halbieren.
2. Jeweils abwechselnd 1 Melonenkugel, 1 Mozzarellabällchen und 1 Stück Schinken auf ein Bambusspießchen
   (oder Holzspießchen) stecken. Die Spießchen dekorativ
   auf einem Holzbrett anrichten und servieren.

NORDITALIEN

SPINAT-ROBIOLA-KUCHEN

AUS DEM PIEMONT

ZUTATEN FÜR 4 PORTIONEN

400 g Baby-Spinat • 2 EL Olivenöl; und für die Form •
1 Knoblauchzehe • Salz • 4 Eier • 1 Pellkartoffel (fertig gekocht) •
150 ml Sahne • Pfeffer, schwarz; aus der Mühle • 80 g Mais
(Konserve) • 280 g Robiola (ital. Frischkäse) • ½ Handvoll
Löwenzahn; Blätter • ½ Handvoll Löwenzahnblüten

1. Spinat waschen. In einer Pfanne 2 EL Öl und die ungeschälte Knoblauchzehe erhitzen. Spinat hinzufügen, leicht salzen, abdecken und 5 Minuten garen, dabei gelegentlich die Pfanne schütteln. Deckel abnehmen und das Wasser verdampfen lassen (falls nötig, Spinat zwischen zwei Holzlöffeln ausdrücken). Knoblauchzehe entfernen.

2. Den Ofen auf 180 °C Ober- und Unterhitze vorheizen.

3. Eier mit der gepellten und zerdrückten Kartoffel und Sahne verrühren. Mit Salz und Pfeffer würzen, Spinat und Mais zufügen. Eine Springform (20 cm ø) ausfetten und den Bogen mit Backpapier auslegen. Die Hälfte der Mischung hineingießen.

4. Die Hälfte vom Robiola in Stücken auf der Mischung verteilen, ein paar Blätter und Blüten vom Löwenzahn hinzufügen und die restliche Mischung darübergießen. Mit dem übrigen Käse abschließen. Etwa 40 Minuten backen, dann den Grill einschalten und für 5 Minuten goldbraun überbacken. Mit den restlichen Löwenzahnblättern und -blüten garnieren.

GEFÜLLTE MINI-AUBERGINEN

AUS GENUA

ZUTATEN FÜR 4–6 PORTIONEN

600 g Mini- oder Baby-Auberginen • Salz • 100 g Mortadella •
1 Knoblauchzehe • 1 Handvoll Majoran • 1 Ei • 80 g Grana
Padano; gerieben • Pfeffer, schwarz; aus der Mühle •
40 g Paniermehl • Erdnussöl; zum Frittieren

1. Die gewaschenen Auberginen mit einem scharfen Messer halbieren und den Stiel dranlassen. In leicht gesalzenem Wasser etwa 5 Minuten kochen, oder bis das Fruchtfleisch zart ist, wenn man es mit einer Gabel einsticht. Die Auberginen abgießen und auf einem Küchentuch abtropfen lassen. Fruchtfleisch mit einem Teelöffel aushöhlen, in eine Schüssel geben und mit einer Gabel zerdrücken.

2. Mortadella fein hacken und separat den abgezogenen Knoblauch zusammen mit dem Majoran hacken. Alles mit dem Ei und Käse zur Auberginenmasse geben. Mit Salz und Pfeffer würzen und gut vermischen. Auberginen mit der Mischung füllen und mit Paniermehl bestreuen.

3. Die gefüllten Auberginen in einer Pfanne mit etwa 5 cm heißem Öl für ein paar Minuten frittieren, dabei wenden, bis sie auf beiden Seiten goldbraun sind.

FRITTATA MIT ARTISCHOCKEN

AUS LIGURIEN

ZUTATEN FÜR 4 PORTIONEN

8 kleine Artischocken • 3 EL Zitronensaft • 1 Schalotte •
2 Knoblauchzehen • 2 EL Olivenöl • 8 Eier • 2 EL Milch •
40 g Parmesan; gerieben • ½ Handvoll Kräuter; gehackt,
z. B. Petersilie, Thymian • Salz • Pfeffer; aus der Mühle

1. Die Artischocken putzen, waschen, die äußeren harten
   Blätter großzügig entfernen und die Stiele abschneiden.
   Die Artischocken vierteln oder sechsteln, (ggf. das Heu
   entfernen) und mit Zitronensaft beträufeln.

2. Den Backofen auf 200 °C Ober- und Unterhitze vorheizen.

3. Schalotte und Knoblauch abziehen und fein würfeln. Die
   Artischocken in einer großen, ofenfesten, beschichteten
   Pfanne in heißem Öl ca. 8 Minuten unter Wenden braten.
   Nach 5 Minuten die Zwiebelwürfel zugeben und kurz
   mitbraten, dann den Knoblauch hinzugeben.

4. Die Eier mit der Milch in einer Schüssel verquirlen und
   den Parmesan sowie die Kräuter untermischen. Alles mit
   Salz und Pfeffer würzen und über die Artischocken gießen.

5. Die Frittata im Ofen 5–10 Minuten stocken lassen. Herausnehmen und warm oder kalt servieren.

POLENTAWÜRFEL

MIT ROSMARINSALZ

ZUTATEN FÜR 4–6 PORTIONEN

500 ml Gemüsebrühe • 250 ml Milch • 250 g Polenta •
1 TL Meersalz • 2 EL Rosmarin, getrocknet; gehackt •
100 g Butter • 75 g Parmesan; gerieben

1. Gemüsebrühe, Milch und 250 ml Wasser aufkochen, die Polenta hineinstreuen. Alles kurz aufkochen und ca. 10 Minuten auf kleinster Flamme quellen lassen. Salz, Rosmarin, Butter und Parmesan hinzugeben und alles weitere 15 Minuten quellen lassen. Mit Meersalz nach Bedarf abschmecken.

2. Die Polenta in eine flache Auflaufform (oder auf ein Blech) streichen und fest werden lassen. Dann in Würfel schneiden oder mit Ausstechförmchen ausstechen, anschließend in heißer Butter goldbraun braten oder grillen.

MITTELITALIEN

GEFÜLLTE ZUCCHINIBLÜTEN

MIT MINZE

ZUTATEN FÜR 18 STÜCK

50 g Feta • 1 Knoblauchzehe • 4 Stängel Minze • 250 g Ricotta;
fest • 3 TL Zitronenabrieb, Bio (2+1) • ½ TL Chiliflocken •
1 Eigelb • Salz • 18 Zucchiniblüten • 2 EL Olivenöl • Pfeffer,
schwarz; aus der Mühle

1. Feta zerkrümeln. Knoblauch abziehen und pressen.
   Minzblätter abzupfen, ein wenig zum Garnieren
   beiseitelegen und den Rest hacken. Alles mit Ricotta,
   2 TL Zitronenabrieb, Chiliflocken und Eigelb in einer
   mittelgroßen Schüssel vermengen, mit Salz abschmecken.
2. Zucchiniblüten vorsichtig öffnen und die gelben Staub-
   blätter aus den Blüten entfernen. Ricottamischung in
   die Blüten füllen, dabei am oberen Rand 1 cm Platz lassen.
   Die Blütenblätter oben drehen, um die Füllung einzu-
   schließen.
3. Öl in einer beschichteten Pfanne bei hoher Hitze erhitzen.
   Blüten 1 Minute pro Seite, oder bis sie goldbraun und
   durcherhitzt sind, braten. Mit Salz und Pfeffer würzen.
   Mit Zitronenschale und Minzblättern bestreuen.

FEIGEN-BRUSCHETTA

MIT HONIG UND THYMIAN

ZUTATEN FÜR 4 PORTIONEN

4 Feigen • 200 g Ricotta • Salz • Pfeffer; aus der Mühle •
1 EL Zitronensaft • 1 TL Honig; und zum Beträufeln •
¼ Handvoll Thymian • 8 Scheiben Ciabatta • 4 EL Olivenöl •
1–2 EL Pinienkerne; geröstet

1. Feigen waschen, trocken tupfen und in Scheiben oder Spalten schneiden. Ricotta mit Salz und Pfeffer würzen, mit Zitronensaft und Honig verrühren. Thymian waschen, trocken schütteln und in kleine Stücke zupfen.

2. Die Ciabatta-Scheiben mit Olivenöl bepinseln und auf jeder Seite in einer heißen Grillpfanne 3–4 Minuten rösten.

3. Die gerösteten Brotscheiben mit dem Ricotta bestreichen und mit Feigen belegen. Die Bruschette mit Honig beträufeln und mit Thymian und Pinienkernen bestreut servieren.

CROSTINI ALL'ARETINA

RÖSTBROTE

MIT ERBSEN-SPARGEL-PÜREE

ZUTATEN FÜR 4 PORTIONEN

150 g Erbsen, TK • 1 Zwiebel • 200 g Spargel, grün • 4 EL Olivenöl
(1+2+1) • 400 ml Gemüsebrühe • 150 g Crème fraîche • 2 TL
Zitronensaft • Salz • Pfeffer, schwarz; aus der Mühle • 4 Scheiben
Mischbrot • 20 g Parmesan; in Spänen • Oregano

1. Die Erbsen antauen lassen. Zwiebel abziehen und fein
   würfeln. Grünen Spargel waschen, putzen und das untere
   Drittel schälen. Spargelspitzen abschneiden und beiseitelegen. Stangen in kleine Stücke schneiden.

2. Zwiebelwürfel in einem Topf in 1 EL Öl glasig braten. Mit
   der Gemüsebrühe aufgießen. Spargelstangen darin ca. 7
   Minuten kochen. Von den Erbsen etwa 2 EL zur Seite legen,
   den Rest zum Spargel geben und weitere 3 Minuten kochen.
   Topfinhalt abgießen, kalt abschrecken und abtropfen
   lassen. Mit der Crème fraîche pürieren. Zitronensaft
   unterrühren und mit Salz und Pfeffer abschmecken.

3. Den Backofen auf Grillfunktion vorheizen. Brotscheiben
   halbieren, auf ein Backblech legen und ca. 5 Minuten
   rösten. Währenddessen die Spargelspitzen und restlichen
   Erbsen in 2 EL Olivenöl kurz anbraten.

4. Zum Servieren die Brotscheiben noch heiß mit der
   Erbsen-Spargel-Creme bestreichen. Spargelspitzen und
   Erbsen darauf verteilen und mit Parmesanspänen belegen.
   Mit dem übrigen Olivenöl beträufeln und mit Pfeffer
   übermahlen. Mit Oreganoblättchen auf einer Platte
   dekorativ anrichten.

TOSKANISCHER BROTSALAT
MIT KAPERNÄPFELN

ZUTATEN FÜR 4 PORTIONEN

400 g Ciabatta • 3–4 EL Olivenöl (2+2) • 2 Zweige Rosmarin •
3 Knoblauchzehen (2+1) • 1 Zwiebel, rot • 200 ml Tomatensugo;
oder Tomatensaft • 2 TL Zucker, braun • 50 g Oliven, schwarz;
entsteint • 16 Kapernäpfel • 350 g Baby-Strauchtomaten •
Meersalz • Pfeffer, schwarz; aus der Mühle • 1–2 Msp. Zitrone,
Bio; Abrieb • 4 Kugeln Burrata • Basilikumblätter; für die Garnitur

1. Den Backofen auf 160 °C Umluft vorheizen. Das Brot in etwa
   2 x 2 cm große Würfel schneiden, mit 2–3 EL Olivenöl
   mischen und auf einem mit Backpapier belegten Blech verteilen. Den Rosmarin waschen, trocken schütteln und mit
   2 angedrückten Knoblauchzehen zwischen dem Brot verteilen. Die Brotwürfel 15–20 Minuten goldbraun rösten.

2. Die Zwiebel und den restlichen Knoblauch schälen und
   fein würfeln. Das restliche Olivenöl erhitzen, darin die
   Zwiebel- und Knoblauchwürfel bei mittlerer Hitze an-
   dünsten. Mit dem Sugo ablöschen und leicht einkochen.

3. Den Zucker in einer beschichteten Pfanne schmelzen.
   Oliven und Kapernäpfel dazugeben und zum Karamelli-
   sieren darin schwenken.

4. Die Tomaten waschen und halbieren. Die gebackenen
   Brotwürfel mit Salz und Pfeffer würzen. Brotwürfel und
   Tomaten mit dem Tomatensugo mischen. Mit Zitronenschale, Meersalz und Pfeffer abschmecken. Den Brotsalat
   auf Teller verteilen, je 1 Burrata daraufsetzen. Mit Kapern-
   äpfeln, Oliven und Basilikumblättern garniert servieren.

RÖSTBROTE

MIT GEGRILLTEN ROTBARBEN UND STEINPILZEN

ZUTATEN FÜR 4–8 PORTIONEN
¼ Bund Petersilie • 1 EL Zitronensaft • 3 EL Olivenöl;
und zum Bestreichen • 1 Msp. Chilipulver • 8 Rotbarbenfilets •
2 Steinpilze • 8 kleine Scheiben Bauernbrot • Meersalz •
Pfeffer, schwarz; aus der Mühle

1. Petersilie waschen, trocken tupfen und hacken. Zitronen-saft, Olivenöl, gehackte Petersilie und etwas Chilipulver mit einem kleinen Schneebesen zu einer Marinade verrühren.

2. Rotbarbenfilets kurz waschen und trocken tupfen. Marinade über die Rotbarben geben und 30 Minuten im Kühlschrank marinieren. Steinpilze putzen, in dünne Scheiben schneiden und mit etwas Öl bepinseln.

3. Pilze in einer Grillpfanne 3 Minuten braten und heraus-nehmen. Anschließend die Rotbarbenfilets abtropfen (die Marinade beiseitestellen) und 2 Minuten pro Seite braten. Brotscheiben in einer Pfanne (ohne Fett) von beiden Seiten kurz anrösten.

4. Pilze und Rotbarben auf den Brotscheiben verteilen, mit Salz und Pfeffer würzen und mit etwas Marinade beträufeln.

SELLERIE-FENCHEL-SALAT

MIT RICOTTA

ZUTATEN FÜR 4 PORTIONEN

2 Fenchelknollen • 2 Stangen Staudensellerie •
200 g Radieschen • 5 EL Olivenöl (2+3) • Salz • Pfeffer,
schwarz; aus der Mühle • 100 ml Gemüsebrühe • 1 Handvoll
Kräuter; z.B. Dill und Estragon • 2 EL Balsamico, weiß •
1–2 EL Zitronensaft • 1 Prise Zucker • 200 g Ricotta salata
(gesalzen)

1. Fenchel waschen, halbieren, den harten Strunk heraus-
   schneiden und die Knolle in Streifen schneiden. Sellerie
   abbrausen, putzen und die Stangen in ca. 1 cm dicke Stücke
   schneiden.
   Radieschen waschen, putzen und in Scheiben schneiden.

2. Fenchelstreifen in 2 EL heißem Öl 2–3 Minuten an-
   schwitzen. Salzen, pfeffern und mit der Brühe ablöschen.
   Beiseiteziehen und lauwarm abkühlen lassen.

3. Währenddessen die Kräuter waschen, trocken schütteln
   und abzupfen. Mit dem restlichen Öl fein pürieren.
   Mit Radieschen, Essig, Fenchel und Sellerie (inkl. der
   Brühe) vermengen.

4. Mit Zitronensaft, Salz, Pfeffer und Zucker abschmecken
   und auf Teller verteilen. Mit kleingeschnittenem Ricotta
   bestreuen und servieren.

RÖSTBROT

MIT DICKEN BOHNEN

ZUTATEN FÜR 4 PORTIONEN

250 g Ackerbohnen; küchenfertig, gepalt • 100 g Bauchspeck,
geräuchert • 2 Zwiebeln • 2 Knoblauchzehen (1+1) • Salz •
Pfeffer, schwarz; aus der Mühle • 6 EL Olivenöl (4+2) •
4 EL Balsamico, weiß • 8 Scheiben Ciabatta

1. Bohnen in kochendem, ungesalzenem Wasser ca.
   5 Minuten garen, dann abgießen und kalt abschrecken.
2. Speck in Streifen schneiden und in einer Pfanne ohne Fett
   knusprig auslassen. Zwiebeln und Knoblauch abziehen.
   Zwiebeln in Streifen schneiden und 1 Zehe Knoblauch in
   Würfel schneiden. Beides zum Speck geben und glasig
   dünsten. Mit Salz und Pfeffer würzen.
3. In einer Schüssel 4 EL Olivenöl und Balsamico verrühren.
   Bohnen und Speckmischung unterziehen und alles
   abschmecken. Ziehen lassen.
4. Ciabatta mit den restlichen 2 EL Olivenöl bestreichen.
   In einer Pfanne von beiden Seiten goldbraun rösten.
   Mit der übrigen Knoblauchzehe abreiben und mit der
   Bohnenmischung belegen. Sofort servieren.

GEFÜLLTE ZUCCHINIRÖLLCHEN
MIT THUNFISCH

ZUTATEN FÜR 4 PORTIONEN

280 g Thunfisch, natur; im eigenen Saft (Dose) • 2 EL Kapern •
2 EL Oliven, grün • 100 g Ricotta • 1–2 EL Zitronensaft • Salz •
Pfeffer, schwarz; aus der Mühle • 2 Zucchini • 4 EL Olivenöl •
½ Handvoll Schnittlauch

1. Den Thunfisch abgießen und in einer Schale mit der Gabel
   fein zerdrücken. Die Kapern und Oliven fein hacken. Zum
   Thunfisch geben und den Ricotta unterheben. Zu einer
   Creme verrühren, mit Zitronensaft, Salz und Pfeffer
   abschmecken.

2. Die Zucchini waschen und die Enden abschneiden. Die
   Zucchini längs in sehr dünne Scheiben schneiden. Mit
   dem Öl bepinseln, ein wenig salzen und auf dem heißen
   Grill (oder in einer Grillpfanne) ca. 5 Minuten unter
   Wenden braten. Herausnehmen und auf der Arbeitsfläche
   ausbreiten. Jeden Streifen mit 1–2 EL Thunfischcreme
   bestreichen und aufrollen.

3. Die Schnittlauchhalme einzeln kurz in kochendes Wasser
   legen, herausnehmen und damit die Zucchiniröllchen
   umwickeln und zuknoten.

DER SÜDEN
UND SIZILIEN

PIKANTES SCHMALZGEBÄCK

AUS NEAPEL

ZUTATEN FÜR 4 PORTIONEN

12 g frische Hefe • 1 TL Zucker • 200 g Mehl • 350 g Stockfisch,
eingeweicht • ½ Zitrone, Bio • 3–4 Stängel Thymian,
und Blüten • Salz • Pfeffer, aus der Mühle • Fett,
zum Ausbacken, Schmalz oder Pflanzenöl

1. Die Hefe mit dem Zucker in 25 ml warmem Wasser auflösen. Mehl hinzugeben, 150 ml warmes Wasser zugießen
   und alles zu einem weichen Teig verkneten. Bei Bedarf
   noch etwas Mehl oder Wasser einarbeiten. Schüssel mit
   Frischhaltefolie bedecken und den Teig ca. 1,5 Stunden
   ruhen lassen.

2. Den eingeweichten Stockfisch abbrausen und in frischem
   Wasser ca. 15 Minuten köcheln. Anschließend abgießen,
   abkühlen lassen, Haut und Gräten entfernen und den
   Fisch in Stücke zerteilen. Zitrone waschen, trocken tupfen
   und die Schale abreiben. Thymian abbrausen, trocken
   schütteln und die Blättchen abzupfen.

3. Den Teig nochmals durchrühren, Thymian, Fisch, Zitronenabrieb, Salz und Pfeffer zufügen und alles gut vermengen. In einem Topf reichlich Schmalz oder Öl erhitzen.
   Jeweils 1 EL der Teigmischung abnehmen, in das heiße Fett
   gleiten lassen und in 2–3 Minuten zu goldgelben Bällchen
   frittieren, mit dem Schaumlöffel herausheben und auf
   Küchenpapier abtropfen lasse. Auf diese Weise den Teig
   portionsweise ausbacken. Die Bällchen auf einer Platte
   anrichten und mit Thymianblüten garnieren.

CARCIOFI IN BIANCO

ARTISCHOCKEN

MIT MOZZARELLAFÜLLUNG AUS SALERNO

ZUTATEN FÜR 6 PORTIONEN

6 Artischocken • 1 Zitrone, Bio • Salz • 3 Kugeln Mozzarella
(ca. 375 g) • 2 Eier • 150 g Paniermehl • Butter; für die Form •
100 g Parmesan; frisch gerieben

1. Artischocken waschen und den Stiel mit den unteren
   kleinen Blättchen abbrechen. Die äußeren Blätter entfernen. Mit einer Küchenschere die Blattspitzen kürzen.
   Zitrone halbieren und alle Schnittstellen einreiben.

2. Gemüse mit den Blattspitzen nach oben in einen großen
   Topf mit Salzwasser setzen und mit einer Scheibe Zitrone
   ca. 20 Minuten köcheln. Abtropfen lassen und mit einem
   Löffel das Heu herausschaben.

3. Den Backofen auf 200 °C Ober- und Unterhitze vorheizen.

4. Für die Füllung den Mozzarella klein hacken und mit Eiern
   und Semmelbröseln mischen.

5. Artischocken in eine gebutterte Auflaufform setzen, mit
   der Mozzarellamasse befüllen, mit dem Parmesan bestreu-
   en und im vorgeheizten Ofen 20–25 Minuten überbacken.

AUBERGINENRÖLLCHEN

MIT KÄSEFÜLLUNG AUS APULIEN

ZUTATEN FÜR 2 PORTIONEN

1 große Aubergine • Salz • 1 EL Olivenöl • 150 g geräucherter
Scamorza-Käse • 180 g geriebener Pecorino-Käse •
75 g Semmelbrösel • 20 g Kapern • 10 g Petersilie • 2 Eier,
Größe M • Pfeffer nach Geschmack • 400 g passierte Tomaten
(Konserve)

1. Die Aubergine waschen und der Länge nach in dünne
   Scheiben schneiden. Die Scheiben leicht salzen und etwa
   10 Minuten ziehen lassen. Danach die Scheiben mit
   Küchenpapier trocken tupfen. Olivenöl in einer Pfanne
   erhitzen und die Auberginenscheiben darin von beiden
   Seiten etwa 2–3 Minuten anbraten, bis sie goldbraun und
   weich sind.

2. Den Scamorza-Käse in Würfel schneiden und in eine
   Schüssel geben, dann die Semmelbrösel, den geriebenen
   Pecorino-Käse, die Kapern, die gehackte Petersilie und
   eine Prise Salz hinzufügen. Die Eier in die Mischung
   einarbeiten und gut verrühren.

3. Den Backofen auf 180 °C Umluft vorheizen. Die Auberginenscheiben mit etwa 25–30 g der Füllung füllen.
   Die Auberginenscheiben um die Füllung rollen.

4. In eine Auflaufform die passierten Tomaten gießen und
   die Röllchen hineinstellen. 25–30 Minuten goldbraun
   backen.

TINTENFISCHSALAT

MIT CROÛTONS

ZUTATEN FÜR 4 PORTIONEN

600 g Kalmartuben • 2 EL Olivenöl (1+1) • 4 Handvoll Salat;
z. B. Romana, Eissalat • 2 Tomaten • 2–3 Scheiben Weißbrot •
150 g Joghurt, griechisch • 5 EL Salatmayonnaise • Salz •
Pfeffer, weiß; aus der Mühle • 2 TL Zitronensaft • Pflanzenöl;
für den Rost

1. Die Kalmartuben innen und außen abbrausen und trocken tupfen. Erst in ca. 3 cm breite Streifen schneiden, dann gitterartig ein-, aber nicht durchschneiden und in einer Schüssel mit 1 EL Olivenöl vermengen.

2. Den Salat verlesen, putzen, waschen und trocken schleudern. Größere Blätter in Stücke zupfen. Tomaten überbrühen, häuten, vierteln, entkernen und in kleine Würfel schneiden. Das Brot ca. 1 cm groß würfeln. In einer Pfanne das restliche Olivenöl erhitzen und die Brotwürfel darin kurz rösten, dann beiseitestellen.

3. Einen Grill für direkte starke Hitze anheizen.

4. Joghurt mit Mayonnaise, Salz, Pfeffer und Zitronensaft verrühren und das Dressing abschmecken.

5. Den Grillrost leicht ölen, die Kalmarstreifen auflegen und auf jeder Seite 2–3 Minuten bei starker Hitze grillen.

6. Blattsalat, Tomaten und Croûtons vermengen, auf Teller verteilen und mit dem Dressing beträufeln. Die Tintenfischstreifen darauf anrichten, leicht salzen und alles servieren.

SALAT

MIT FENCHEL & ORANGE

ZUTATEN FÜR 4 PORTIONEN

1 kleine Zwiebel, rot • 2 Orangen • 2 Fenchel; mit Grün •
3–4 Handvoll Salat; z. B. Radicchio, Rucola, Selleriegrün •
4 EL Orangensaft • 2 EL Weißweinessig • 1 TL Honig • Salz •
Pfeffer; aus der Mühle • 4 EL Olivenöl

1. Die Zwiebel abziehen, halbieren und in sehr feine Streifen schneiden. Die Orangen großzügig schälen, halbieren und in Scheiben schneiden. Fenchel putzen, waschen, das Grün abtrennen und beiseitelegen. Die Knollen ggf. halbieren oder vierteln und in feine Streifen hobeln. Salat verlesen, putzen, waschen und trocken schleudern. Große Blätter in mundgerechte Stücke zupfen.

2. In einer Schüssel Orangensaft mit Essig, Honig, Salz, Pfeffer und Öl verquirlen. Das Dressing abschmecken und die vorbereiteten Zutaten hinzufügen. Alles gut vermengen, das Fenchelgrün in kleine Stücke zupfen, aufstreuen und den Salat servieren.

SÜSSAURES GEMÜSE

MIT GERÖSTETEM WEISSBROT

ZUTATEN FÜR 4 PORTIONEN

1 Aubergine • 1 Zucchini • 2 Zwiebeln • 3 Tomaten •
1 Paprika, rot • 1 Paprika, grün • 2 Stängel Staudensellerie •
4–5 EL Olivenöl • Salz • Pfeffer; aus der Mühle • 2 EL Oliven,
grün; groß, entsteint • 2 EL Kapern • 2–3 EL Balsamico •
1–2 TL Zucker • 1 Baguette

1. Aubergine und Zucchini waschen, putzen und klein würfeln. Zwiebeln abziehen und in Würfel schneiden. Die Tomaten heiß überbrühen, abschrecken, häuten, vierteln, entkernen und klein schneiden. Beide Paprika waschen, putzen und in kleine Stücke schneiden. Sellerie waschen, putzen und ebenfalls in Stücke schneiden.

2. Zuerst die Auberginen in 2 EL Öl in einer Pfanne goldbraun anbraten, dann die Zwiebeln zugeben, salzen, pfeffern und zugedeckt unter gelegentlichem Rühren ca. 6 Minuten mit leichtem Biss dünsten. Oliven in Ringe schneiden und mit Sellerie, Zucchini und Paprika hinzugeben. Tomaten und Kapern untermischen und alles noch ca. 5 Minuten offen garen. Das Gemüse mit Balsamico, Salz, Zucker und Pfeffer süßsauer abschmecken und leicht abkühlen lassen.

3. Den Backofen auf Grillstufe vorheizen. Das Baguette in Scheiben schneiden und mit dem übrigen Öl bepinseln. Unter dem heißen Grill auf beiden Seiten goldbraun rösten. Die Caponata nach Belieben in Schalen verteilen und mit dem Röstbrot servieren.

GEFÜLLTE TEIGFLADEN

NACH RAGUSA-ART

ZUTATEN FÜR 25 STÜCK

250 g Pizzamehl, Type 00; und zum Arbeiten • 10 g Trockenhefe •
½ TL Salz • 4 EL Olivenöl (1+3); und für das Blech •
150 g Scamorza • 250 g Ricotta • Pfeffer; aus der Mühle •
½ Bund Basilikum

1. Mehl, Hefe und Salz mischen. 1 EL Öl mit 150 ml Wasser verquirlen und langsam zum Mehl-Mix rühren. Mit einem Teigschaber weiterrühren, bis sich der Teig vom Schüsselrand löst und eine weiche Kugel entstanden ist. Zugedeckt an einem warmen Ort ca. 80 Minuten gehen lassen.

2. Für die Füllung den Scamorza reiben und mit dem Ricotta verrühren, salzen und pfeffern. Basilikum abbrausen und trocken schütteln, Blätter abzupfen. Ein Backblech gut einölen.

3. Den Teig halbieren. Jede Hälfte zu einem dünnen Fladen von ca. 30 x 40 cm ausrollen. Beide Teigfladen mit etwas Öl bestreichen. Die Füllung sowie die Basilikumblätter darauf verteilen.

4. Fladen jeweils über die lange Seite einrollen, sodass zwei 4–5 cm breite, flache Stränge entstehen. Auf das Blech legen, mit etwas Öl einpinseln und nochmal 30 Minuten gehen lassen.

5. Backofen auf 200 °C Ober- und Unterhitze vorheizen. Teiglinge ca. 30 Minuten backen. Abkühlen lassen und in Scheiben schneiden. Nach Belieben noch mit etwas Olivenöl beträufeln und mit Salz, Pfeffer und Basilikum bestreuen.

BROTTASCHEN

MIT BROKKOLI-KÄSE-FÜLLUNG

ZUTATEN FÜR 6 PORTIONEN

1 Knoblauchzehe • 2 Zwiebeln (½+1½) • 4 EL Olivenöl (1+2+1);
und für das Backblech • 500 g Tomaten, passiert • Salz •
4 Stängel Basilikum • 800 g Brokkoli • 10 Sardellen • 20 Oliven,
schwarz; entsteint • 200 g Caciocavallo-Käse; in Scheiben
(ersatzweise Pecorino) • Pfeffer • 600 g Brotteig (s. S. 64)

1. Für die Tomatensauce Knoblauch und Zwiebeln abziehen.
   Eine halbe Zwiebel und Knoblauch in Scheiben schneiden.
   Zusammen in 1 EL heißem Olivenöl anbraten. Tomaten-
   passata hinzufügen und bei niedriger Hitze etwa 10 Minuten köcheln lassen. Mit Salz abschmecken und mit Basilikumblättern aromatisieren.

2. Brokkoli putzen, in Stücke schneiden und kurz in Salzwasser blanchieren. Die restlichen Zwiebeln in Scheiben
   schneiden und in 2 EL heißem Öl anbraten.

3. Sardellen in Stücke schneiden. In einer Schüssel mit
   gebratenen Zwiebeln, Brokkoli, Oliven, 1 EL Öl und
   Käsescheiben gut vermischen. Mit Pfeffer würzen.

4. Den Ofen auf 200 °C Umluft vorheizen. Brotteig ausrollen,
   bis er weniger als 1 cm dick ist, und in 12 cm große Kreise
   schneiden. Einen Löffel der Füllung auf eine Hälfte der
   Teigkreise geben, die andere Hälfte darüberklappen und
   die Ränder gut verschließen.

5. Die gefüllten Teigtaschen auf gut geölte Backbleche legen
   und etwa 20 Minuten backen, bis sie goldbraun sind.

MARINIERTE SARDELLEN

MIT ZITRONEN UND MINZE

ZUTATEN FÜR 6–8 PORTIONEN

500 g Sardellen • 30 ml Zitronensaft • 1 TL Zitronenabrieb, Bio •
150 ml Weißweinessig • 1 Handvoll Minze • 4 EL Olivenöl;
mild, kaltgepresst • ½ Zitrone, Bio

1. Die Fische filetieren, abbrausen und trocken tupfen.
   Filets nebeneinander in eine flache Schüssel oder Schale
   legen.
2. Zitronensaft, Abrieb und Essig verrühren und gleichmäßig
   darüber verteilen. Die Sardellenfilets etwa
   15 Minuten marinieren.
3. Inzwischen die Minze abbrausen, trocken schütteln und
   die Blättchen abzupfen.
4. Sardellen aus der Marinade nehmen und auf einer großen
   Platte oder auf Tellern anrichten. Mit dem Olivenöl
   beträufeln und mit Minze bestreuen. Zitrone in Scheiben
   schneiden und dazu servieren.
5. Dazu passt z.B. frisches Ciabatta.

SAFRAN-REISBÄLLCHEN

MIT MOZZARELLA GEFÜLLT

ZUTATEN FÜR 4–6 PORTIONEN

300 g Risottoreis • Salz • 100 g Caciocavallo; ersatzweise
Pecorino • 1 Döschen Safran • 60 g Erbsen, TK • 1 Zwiebel • 150 g
Rinderhackfleisch • 2 EL Olivenöl • 15 ml Weißwein; oder Brühe •
1 EL Tomatenmark • Pfeffer; aus der Mühle • 100 g Mozzarella •
2 Eier • 6 EL Semmelbrösel • Pflanzenöl; zum Frittieren

1. Reis in Salzwasser in ca. 10 Minuten al dente kochen. Abgießen und abtropfen lassen. Den Caciocavallo-Käse reiben. Safran in 1 EL heißes Wasser rühren. Beides unter den Reis mischen und erkalten lassen.

2. Die Erbsen in kochendem Salzwasser 3 Minuten blanchieren. Abschrecken, abtropfen lassen und grob hacken. Zwiebel abziehen und fein würfeln. Hackfleisch im Olivenöl krümelig braten, Zwiebelwürfel zugeben und mitbraten. Mit einen Schuss Wein oder Brühe ablöschen und das Tomatenmark unterrühren. Die Füllung weitere ca. 5 Minuten braten. Salzen, pfeffern und die Erbsen unterrühren.

3. Mozzarella würfeln. Von der Reismasse für jedes Bällchen eine golfballgroße Reismenge abnehmen und zu einer kleinen „Schale" formen.

4. Etwas Füllung und Mozzarella daraufgeben, Reismasse darüber verschließen und zu einer Kugel formen.

5. Eier in einer Schüssel verquirlen, Brösel auf einen Teller streuen. Arancini erst im Ei, dann in den Bröseln wenden. In heißem Öl portionsweise je ca. 5 Minuten goldgelb ausbacken.

VERLAGSGRUPPE PATMOS

PATMOS
ESCHBACH
GRÜNEWALD
THORBECKE
SCHWABEN
VER SACRUM

Die Verlagsgruppe
mit Sinn für das Leben

Die Verlagsgruppe Patmos ist sich
ihrer Verantwortung gegenüber
unserer Umwelt bewusst.
Wir folgen dem Prinzip der Nach-
haltigkeit und streben den Ein-
klang von wirtschaftlicher Ent-
wicklung, sozialer Sicherheit und
Erhaltung unserer natürlichen
Lebensgrundlagen an. Näheres
zur Nachhaltigkeitsstrategie
der Verlagsgruppe Patmos auf
unserer Website
www.verlagsgruppe-patmos.de/
nachhaltig-gut-leben

Alle Rechte vorbehalten
© 2025 Jan Thorbecke Verlag
Verlagsgruppe Patmos in der
Schwabenverlag AG,
Senefelderstr. 12, 73760 Ostfildern
kundenservice@verlagsgruppe-
patmos.de
www.thorbecke.de

Gestaltung, Satz und Repro:
Finken und Bumiller, Stuttgart
Druck: Finidr s.r.o., Český Těšín
Hergestellt in Tschechien
ISBN 978-3-7995-2029-4

Brotteig, Rezept für S. 59:
250 g gemahlener Hartweizengrieß,
250 g Hartweizenmehl, 25 g frische
Hefe, 1 TL brauner Zucker, 1 TL Salz,
50 g Schmalz oder 3 EL Olivenöl,
ca. 250 ml Wasser
Die Hefe in 200 ml warmem Wasser
auflösen und eine Prise Zucker hinzufügen. Aus den übrigen Zutaten
und dem Wasser mit der Hefe einen
Teig kneten. Weitere 20 Minuten
kneten und das restliche Wasser
hinzufügen. Eine Kugel formen und
den Teig in eine Schüssel geben.
Abdecken und an einem warmen
Ort etwa 2 Stunden gehen lassen.

Bildnachweis
Stockfood: S. 6: Photoart; S. 8: Jon
Edwards; S. 10, 13: The Picture
Pantry; S. 17: Rua Castilho; S. 18,
S. 35: Stefan Braun; S. 20: Winfried
Heinze; S. 22: Great Stock!; S. 27: Are
Media; S. 28: Irina Meliukh; S. 31:
Ngoc Minh & Julian Wass; S. 32:
Wolfgang Schardt; S. 36: Colin
Cooke; S. 39: Mario Matassa; S. 40:
Blueberrystudio; S. 45, S. 50: Franco
Pizzochero; S. 46: Frank Wieder; S.
49: Charlotte Tolhurst; S. 52: John
Hay; S. 54: Sandra Eckhardt; S. 57, 61,
62: Ulrike Holsten; S .58: Michael
Schinharl
Unsplash: S. 4: Maeva Vigier; S. 14:
Annie Spratt; S. 24: Alessandro
Stech; S. 42: Johanna Schrag